BEI GRIN MACHT SICH IHR WISSEN BEZAHLT

- Wir veröffentlichen Ihre Hausarbeit, Bachelor- und Masterarbeit

- Ihr eigenes eBook und Buch - weltweit in allen wichtigen Shops

- Verdienen Sie an jedem Verkauf

Jetzt bei www.GRIN.com hochladen und kostenlos publizieren

Bibliografische Information der Deutschen Nationalbibliothek:

Die Deutsche Bibliothek verzeichnet diese Publikation in der Deutschen National-
bibliografie; detaillierte bibliografische Daten sind im Internet über http://dnb.d-
nb.de/ abrufbar.

Impressum:

Copyright © 2008 GRIN Verlag, Open Publishing GmbH
Druck und Bindung: Books on Demand GmbH, Norderstedt Germany
ISBN: 9783640661923

Dieses Buch bei GRIN:

http://www.grin.com/de/e-book/153734/la-metaphore-de-la-peste-dans-le-theatre-
et-son-double-d-antonin-artaud

Jonathan Lecot

La métaphore de la peste dans "Le Théâtre et son double" d'Antonin Artaud

GRIN Verlag

La métaphore de la peste dans

Le Théâtre et son double

d'Antonin Artaud

Sommaire

Introduction

Antonin Artaud (1896-1948) est l'un des personnages les plus fascinants et ambigus du théâtre du XXième siècle. Non seulement il fût essayiste mais il fût aussi poète, dramaturge, metteur en scène et acteur. Il appartient au mouvement avant-gardiste du début du siècle. Son chef-d'œuvre *Le théâtre et son double* paraît le 7 février 1938. D'après Mireille Larrouy, ce livre est[1] :

> "pour les gens de théâtre une véritable bible, les obligeant à s'interroger inlassablement
> sur le théâtre, son sens, ses pouvoirs, sa nécessité et son existence même."

Le chapitre *Le théâtre et la peste*, que nous allons regarder de plus près, rassemble en une quinzaine de pages le contenu d'une conférence donnée par Artaud le 6 avril 1933 à la Sorbonne. Cette dissertation nous permettra de nous plonger dans l'univers du théoricien. De quelle façon et pourquoi compare-t-il la peste avec le théâtre ? En quoi y voit-il des parallèles?

Ici nous allons procéder de l'intérieur vers l'extérieur. Dans un premier temps, nous analyserons l'image de la peste comme point de départ pour ensuite dans un second temps, mieux comprendre les liaisons qu'Artaud fait entre la maladie et le théâtre. En troisième lieu, nous traiterons de la guérison des êtres humains jugée possible par le théâtre selon Artaud.

I.   La peste

I.1 Propriétés de la maladie

En observant les conséquences sociales d'une épidémie de la peste, Artaud y voit les propriétés de la maladie elle-même et ses répercussions sur le corps humain. Le malade est défiguré extérieurement par des bubons pesteux. Ceux-ci ne se distribuent pas sur le corps entier. En effet, on les trouve seulement sur quelques endroits spécifiques: sous les aisselles, à l'aine et près des glandes. S'il est visible que le corps se défend et qu'il mobilise encore des forces, les bubons s'ouvrent et le malade a alors une chance de survie. Cependant si ce processus ne se déroule pas et qu'aucun dégorgement de pus n'a lieu, la mort devient certaine. Dans quelques cas, la douleur rend le malade fou alors que dans d'autres cas celui-ci ne sent rien jusqu'à ce que mort s'ensuive.

---

[1] Larrouy, 1997, p. 78-79

I.2   Liaison entre la peste et la conscience

Artaud nous souligne dans son livre un fait intéressant. Il raconte que la peste apparaît au vice-roi de Sardaigne dans un rêve. Dans ce songe, celui-ci constate que la maladie a pour effet un effondrement de l'ordre morale et public et que "les cadres de la société se liquéfient."[2] Grâce à ce rêve prémonitoire, il interdit le passage d'un navire infesté par la peste et ainsi, il sauve son peuple de la contagion de la maladie.[3] Certains se demanderont pourquoi c'est le vice-roi qui fait le rêve. Premièrement, selon Artaud, son autorité réduite le rend susceptible de faire cette faible liaison qui existe seulement dans le sommeil, avec la maladie. En outre, il a besoin d'utiliser tout son pouvoir pour imposer l'interdiction de passage au bateau. Son peuple le juge irrationnel et despotique mais il est pourtant sauvé. Le vice-roi s'est élevé contre toutes les convenances qui ne sont simplement plus valable quand la peste menace la vie des citoyens et par le fait même une société entière.

Antonin Artaud extrapole ensuite sur une connexion entre la conscience humaine et la peste. En effet, lors de l'autopsie du cadavre d'un pestiféré on constate une putréfaction du cerveau et des poumons mais l'absence de pourriture des autres organes intérieures. La conscience influence la pensée et la respiration et les êtres humains exercent une forme de contrôle sur ces fonctions qui sont attaquées par la maladie. Dans la théorie d'Artaud, l'hypothèse que la peste serait liée à la pensée est fondamentale.

I.3   Liaison entre la peste et des bouleversements de la société

L'histoire de la prévalence de la peste nous permet d'après Artaud de relever les autres caractéristiques de la maladie. Les éruptions de la peste, depuis celles décrites dans la bible, se passent toujours en rapport avec des changements profonds au sein de la société. Elle apparaît avant les révolutions et après les guerres. Artaud exprime donc l'hypothèse que ce fléau peut être considéré comme "l'instrument direct ou la matérialisation d'une force intelligente en étroit rapport avec ce que nous appelons la fatalité." [4]

Si une ville est attaquée par la peste, l'ordre s'effondre et des luttes familiales sont provoquées. De plus, apparaissent la volupté, la fornication mais aussi une magnanimité inattendue et l'amour du prochain. Tout acte devient possible face à une mort imminente. On vit et on agit dans une sorte d'état entre la vie et la mort. Des actes absurdes sont accomplis arbitrairement menés par la profondeur insondable des hommes. Ce qui a été en dessous se

---

[2] Artaud, 1964, p. 21
[3] cf. Artaud, 1964, p. 21, 22
[4] Artaud, 1964, p.25

retrouve au dessus, ce qui a été enfermé sort de l'ombre. Des normes perdent leurs significations et des systèmes s'écroulent.

II.   Le théâtre et la peste

II.1   L'effet du théâtre au spectateur chez Artaud

Artaud voit des nombreux parallèles entre la peste et le théâtre. Le spectacle qu'Artaud propose, traite des sujets qui touchent profondément le spectateur car ses sens sont d'abord indifférents puis ils deviennent peu à peu sollicités, ils sont ensuite troublés et tout culmine vers une interruption de la paix intérieure du spectateur. Il participe alors directement à l'événement puisque la pièce devient une partie de lui-même car ses désirs, ses souhaits ou ses envies se réveillent. Ils existaient déjà auparavant mais de manière latentes. Au moment de la reconnaissance, il s'effraie devant lui-même et il reconnaît simultanément que cette peur ne fait pas partie de lui. Il s'aperçoit, au contraire, qu'il s'agit d'une sensation que la société lui a imposée. Car comment pourrait-il avoir peur de quelque chose qui lui est propre? Pendant que le spectateur voit la pièce, des blocages se libèrent et ce qui est dissimulé à l'intérieur de lui émerge. Des images provenant de l'inconscient remontent et elles se voient accordées un droit d'existence. En cela, Artaud voit le premier grand parallèle entre l'effet qui est provoqué dans l'esprit des hommes par le théâtre mais aussi par la peste.

II.2   Le théâtre comme épidémie

Le jeu théâtral selon Artaud agit de façon semblable à une épidémie et se transmet sur le spectateur. Il se rend compte de ses désirs les plus secrets. Il les voit et il les vit, certes, et pourtant il ne les exécute pas. Une "révolte virtuelle"[5] contre les contraintes de la société commence car sur la scène tout est montré. Artaud déclare que l'espace théâtral est comme une zone sans tabou, exempte de toute évaluation morale. Il parle d'un "délire communicatif"[6] présent tant au niveau du théâtre que dans une ville pestiférée. Cela a une influence sur les mœurs qui "provoquent des altérations dans l'esprit".[7] Les spectateurs, les acteurs au théâtre ainsi que les hommes dans une ville pestiférée vivent les mêmes conflits et instincts.

---

[5] Artaud, 1964, p. 41
[6] Artaud, 1964, p. 38
[7] Artaud, 1964, p. 37

D'ailleurs, si ceux-ci comme Artaud écrit "sont noirs, c'est la faute non pas de la peste ou du théâtre mais de la vie."[8]

Artaud évoque un désordre total provoqué par la peste et le théâtre, un "incendie spontané"[9] et une "liquidation".[10] Ici nous constatons la compréhension générale qu'Artaud a des arts.

"Jeder Akt von Natur, jede schöpferische Tätigkeit und Konstruktion muss mit einer Destruktion beginnen. Nur so kann Neues entstehen".

(Chaque acte de la culture, chaque activité créatrice doit commencer par une destruction. C'est seulement de cette façon que le nouveau peut naître.)[11]

II.3   Force spirituelle au délà toutes conventions

Selon Artaud, la poésie du théâtre possède tout comme le pestiféré une "liberté spirituelle"[12] ou une "force spirituelle"[13] qu'il juge plus valable que des sentiments ou des pensées réelles vécues quotidiennement.

Pour démontrer cela, Artaud fait la comparaison entre un pestiféré, "qui meurt sans perte, ni destruction de matière (cf. I.2), portant quand même en lui "les stigmates d'un mal absolu"[14] et le jeu d'un acteur, qui se voit provoquer en lui des sentiments irréelles qui pourtant arrivent à lui faire vivre un bouleversement.

"Tout dans l'aspect physique…montre que la vie a réagi au paroxysme, et pourtant, il ne s'est rien passé."[15]

Le mal mystérieux dans le corps du pestiféré ainsi que les sensations d'un acteur en performance sont ici plus forts que ce que l'on voit en réalité.

Artaud allègue d'ailleurs l'exemple d'un assassin. Celui-ci, lorsqu'il commet un crime, perd contact avec la "force qui l'inspirait, mais ne l'alimentera plus désormais "[16] dès qu'il effectue réellement l'action. Au théâtre, l'acteur en performant n'accomplira pas l'acte, mais cette force sondée et ressentie est plus grande que celle de l'assassin.

Cette force immense est en effet précieuse et elle ne devrait pas rester refoulées par des convenances morales non valables. Les niveaux sur lesquels l'état transcendant mène, n'ont pas besoin d'être conquis intellectuellement. La sensibilité humaine doit être défiée par

---

[8] Artaud, 1964, p. 45
[9] Artaud, 1964, p. 39
[10] Artaud 1964, p. 39
[11] Kolesch, 1993, p.239
[12] Artaud, 1964, p. 33
[13] Artaud, 1964, p 36
[14] Artaud, 1964, p. 35
[15] Artaud, 1964, p. 35
[16] Artaud, 1964, p. 37

l'expérience théâtrale. L'apprentissage d'une nouvelle forme de perception au-delà de toutes les convenances et de tous les sensations déterminées par autrui est nécessaire.[17]

Ce processus est à la fois primitif, sauvage, " victorieux et vengeur"[18]. Comme la peste, le théâtre est cruel puisque se voir soi-même comme l'on ne s'est jamais vu et sentir ce qui est interdit est en même temps terrible et délivrant.

III.   La guérison possible par le théâtre

III.1   Guérison par le théâtre de la cruauté

Quand les hommes reconnaissent ce qu'ils sentent, désirent et souhaitent, ils peuvent trouver une façon d'être qui provient d'eux. Cela vient de l'intérieur et est provoquée par des expériences, même si elles sont seulement virtuelles. L'effet du théâtre est bienfaisant puisqu'il"fait tomber les masques"[19] car c'est seulement sans protection et sans narcose que les hommes peuvent être conscients de leurs sentiments refoulés.

Artaud évoque que l'action du théâtre "invite les collectivités à prendre en face du destin une attitude héroïque"[20]. Grâce à cet expérience vécue par le spectateur à travers ce qui lui est montré sur scène, Artaud assigne au théâtre de la cruauté une certaine forme de catharsis. Néanmoins celle-ci n'améliore pas le sort du spectateur.

"Die Menschen leben wahrscheinlich nach dem Erleben des ästhetischen Schocks nicht besser als zuvor. "[21]

(Les hommes ne vivent probablement pas mieux qu'avant, après le choc esthétique.)

Cependant Artaud parle de façon répétée de "guérison" par le théâtre, même si elle consiste seulement à apprendre à vivre avec ce que le spectateur a découvert suite à son expérience théâtrale.

III.2   Le premier pestiféré

Il est possible d'appliquer les différentes issues causées par la maladie de la peste à celles vécues par le spectateur au théâtre. Dans le cas d'un pestiféré survivant à la maladie, il souffre d'abord terriblement, il a des attaques mentales et il subit les symptômes de la torture.

---

[17] cf. Artaud, 1964, p. 140
[18] Artaud, 1964, p. 39
[19] Artaud, 1964, p. 46
[20] Artaud, 1964, 46
[21] Kolesch 1993, p. 244

Toutefois, il lui est possible de surmonter tout cela car si les bubons pesteux éclatent, une guérison surviendra. Les cicatrices de sa lutte resteront mais après tout, il survivra. Si nous faisons référence au théâtre, nous pouvons comparer ce premier pestiféré au théâtre de la cruauté. Le spectateur va être "guéri" par un éclatement et d'après Artaud, cela est exactement le devoir du théâtre. Il doit percer nos "bubons pesteux intérieurs" pour rendre possible cette expérience.

III.2   Le deuxième pestiféré

Dans le cas du second pestiféré qui ne survit pas à la maladie, il se sent sain jusqu'à ce que la mort s'ensuive. Celui qui est apparemment sain représente pour Artaud le théâtre traditionnel et conventionnel où le spectateur ne recherche que le divertissement, où il ne s'expose pas au "choc esthétique"[22]. La mort ne signifie pas ici la fin de la vie, mais une sorte de coupure de tout ce qui est digne d'être vécu vraiment. Il faut, selon Artaud, révolutionner le théâtre traditionel pour qu'il puisse combler son vrai devoir.

Conclusion

Nous avons donc pu voir qu'Antonin Artaud emploie la métaphore de la peste pour mieux expliquer quelques-unes des visions du théâtre de la cruauté et définir l'objectif de celui-ci. Artaud souhaiterait que :

> " le théâtre soit comme la peste dans la cité qui, par son aspect de grande calamité, fait tomber toutes les mesquineries secondaires et replace l'homme, par la terreur, à la source de ses conflits."[24]

Que me reste-t-il de cette théorie lorsque je la met en pratique? Est-ce que j'ai déjà eu l'impression au théâtre d'atteindre un état transcendant dans lequel je me suis vue comme je suis? Les choses qui ont été évoquées en moi n'étaient pas nécessairement celles qui sont interdites ou secrètes, mais plutôt des réflexions parfois futiles sur des petites choses quotidiennes. Peut-être suis-je cette deuxième pestiférée qui quitte le spectacle toujours extérieurement saine et intérieurement malade? Toutefois, il peut être possible selon moi de chercher le " percement des bubons pesteux intérieurs" ailleurs qu'au théâtre. Ce qu'Artaud décrit s'applique beaucoup plus dans la vie en général comme par exemple dans les moments magiques où l'on se voit soi-même, sans protection avec toutes ses pensées et ses désirs. Cela

---

[22] Kolesch 1993, p. 244
[24] Armand-Laroche, 1964, p. 136

n'est pas exclusif au théâtre, mais peut se produire dans d'autres circonstances comme devant un paysage magnifique, sous d'autres formes d'art ou au contact d'un autre être humain. Mais peut-être attendons-nous toujours des hommes qu'ils soient

> "capables d'imposer cette notion supérieure du théâtre, qui nous rendra à tous l'équivalent naturel et magique des dogmes auxquels nous ne croyons plus. "[25]

---

[25] Artaud 1964, p. 47

Bibliographie

Artaud, Antonin, Le théâtre de la cruauté (Premier Manifeste) dans:
Le théâtre et son double(1938), folio essais Gallimard, Paris, 1964, pp. 21-47.

Artaud, Antonin, Le théâtre et la peste dans: Le théâtre et son double(1938), folio essais
Gallimard, Paris, 1964, pp. 21-47.

Armand-Laroche, Dr. J.-L., Antonin Artaud et son double Éditions Pierre Fanlac,
Périgueux 1964.

Kolesch, Doris, Der magische Atem des Theaters. Ritual und
Revolte bei Antonin Artaud (1993), in: Franz Norbert Mennemeier / Erika Fischer-Lichte,
Drama und Theater der europäischen Avantgarde, Tübingen (Francke).

Larrouy, Mireille Artaud et le théâtre, CDDP Aveyron, CRDP Midi-Pyrénnées, 1997.